BEI GRIN MACHT SICH IHR WISSEN BEZAHLT

Bibliografische Information der Deutschen Nationalbibliothek:

Die Deutsche Bibliothek verzeichnet diese Publikation in der Deutschen National-
bibliografie; detaillierte bibliografische Daten sind im Internet über http://dnb.d-
nb.de/ abrufbar.

Impressum:

Copyright © 2018 GRIN Verlag
Druck und Bindung: Books on Demand GmbH, Norderstedt Germany
ISBN: 9783346220431

Dieses Buch bei GRIN:

https://www.grin.com/document/704502

Anonym

Gender und Medienerziehung. Welche Geschlechteridentitäten von Mädchen und Jungen werden durch die Medien transportiert?

GRIN Verlag

GRIN - Your knowledge has value

Der GRIN Verlag publiziert seit 1998 wissenschaftliche Arbeiten von Studenten, Hochschullehrern und anderen Akademikern als eBook und gedrucktes Buch. Die Verlagswebsite www.grin.com ist die ideale Plattform zur Veröffentlichung von Hausarbeiten, Abschlussarbeiten, wissenschaftlichen Aufsätzen, Dissertationen und Fachbüchern.

Besuchen Sie uns im Internet:

http://www.grin.com/

http://www.facebook.com/grincom

http://www.twitter.com/grin_com

Medienerziehung –

Welche Geschlechteridentitäten von Mädchen und Jungen werden durch die Medien transportiert?

Inhaltsverzeichnis

1. Einleitung

Heutzutage ist das Medienangebot für Kinder und Jugendliche größer als bei keiner anderen Generation. Wir leben in einer Konsum- und Mediengesellschaft. Infolgedessen nehmen Medien einen unumstrittenen Einfluss auf die Gesellschaft, vor allem auf die jüngeren Generationen. Medien dienen nicht nur zu Unterhaltungszwecken, sondern haben auch einen Bildungsauftrag (vgl. §11(2) Staatsvertrag für Rundfunk und Telemedien, S. 22). Das bedeutet, dass die Produzenten bewusst und achtsam ihr Programm gestalten sollten.

Als Forschungsfrage gilt es im Verlauf dieser Arbeit zu klären, inwieweit öffentliche Medien die Geschlechterrollen konstruieren und somit die Genderidentitäten von Mädchen und Jungen beeinflussen.

Zu Beginn der Arbeit werden die wichtigsten Begriffe definiert, um eine einheitliche Grundlage zu schaffen. Die aufgegriffenen Begriffsbestimmungen werden in einer kurzen und komplexen Form definiert. In den weiterführenden Abschnitten werden diese Begriffe aufgeführt und tiefergehend ausgeführt.

Nach der Einleitung wird auf die Autorin Judith Butler eingegangen, die eine Vertreterin des Feminismus ist und sich für eine Emanzipation der Geschlechteridentitäten ausspricht. Ihre Theorie wird erläutert und erklärt, damit sie später zur kritischen Würdigung herangezogen wird. Bei Butler spielen die Begriffe „Sex" und „Gender" eine wichtige Rolle.

Im Anschluss beginnt der Hauptteil der Arbeit mit Gender in Medien, hier wird ein Überblick über genaue Thematik beschrieben. Danach wird ein Vergleich zwischen der Bedeutung weiblicher und männlichen Heldfiguren zur Vertiefung und Konkretisierung dargestellt. Darauf aufbauend werden Anforderungen an gendergerechte Medien aufgestellt und mit der Theorie von Judith Butler kritisch gewürdigt. Den Abschluss der Arbeit bildet das Fazit.

2. Begriffsbestimmungen

Der folgende Abschnitt der Arbeit gilt als theoretische Begriffsgrundlage zur weiteren Aufarbeitung der Thematik. „Gender" und „Sex" sind die zwei ausschlaggebenden Geschlechterdefinitionen, die zu unterscheiden sind. Die Begriffe „Medien" und „Helden" spielen in der Betrachtung der Thematik eine wichtige Rolle.

2.1 „Sex"

Biologisch und physiologisch betrachtet existieren in der modernen westlichen Kultur normalerweise zwei unterschiedliche Geschlechter. Es wird zwischen dem weiblichen und dem männlichen Geschlecht unterschieden. Mädchen und Jungen haben seit der Geburt einen festgesetzten und unveränderbaren Chromosomensatz. Daraus resultieren Unterschiede im Hormonsystem, in ihren äußeren und inneren Geschlechtsmerkmalen, sowie in ihren Geschlechtsorganen. Das Wort „Sex" ist somit ein Synonym für das biologische Geschlecht (vgl. Lemish 2006, S.10).

2.2 „Gender"

Der Begriff „Gender" ist Vergleich zum Begriff „Sex" nicht biologisch oder physiologisch verankert, sondern bezeichnet das soziokulturelle Geschlecht. Das soziokulturelle Geschlecht ist selbst konstruiert, angeeignet und kann verändert werden. Dazu zählen Verhaltensweisen, Gestik, Mimik, Frisur, Kleidungsstil, Vorlieben und Abneigungen, die entweder als typisch oder untypisch für das biologische Geschlecht angesehen werden. Während des Sozialisationsprozesses werden diese Geschlechtsmerkmale ausgebildet, erlernt und internalisiert. Die Gründe für diese Entwicklung sind unterschiedlich. Sie entstehen durch Sanktionen, Abneigung und Trotz des nicht akzeptierten Verhaltens. Bezugspersonen können den Sozialisationsprozess ebenfalls beeinflussen, indem die Jugendlichen das Verhalten von Peer-Groups oder Vorbildern aus Gesellschaft und Medien imitieren.

2.3 Medien

Medien sind Kommunikationsmittel und Übermittler von Werten und Normen. Medien lassen sich untergliedern in Massenmedien und digitale Medien. Zu den Massenmedien zählen Fernsehen, Printmedien und Hörfunk / Radio. Im Gegensatz dazu zählen zu den digitalen Medien das Internet, das Laptop aber auch das Smartphone. Medien gelten somit in der Gesellschaft als Massenkommunikationsmittel. Die Menschen müssen die Medien nutzen, um aktiv an der Gesellschaft teilzunehmen. Die Medien gelten heutzutage als ein wichtiger Faktor zur Identitätsbildung. Das Smartphone ist aufgrund des technologischen Fortschrittes alle Medien. Das Smartphone ist bei den heranwachsenden Jugendlichen das wichtigste und bedeutsamste Medium (vgl. Heike vom Orde et. al., 2018, S. 5). Laut der Studie von Heike vom Orde und Dr. Alexandra Durner besitzen 97% der Jugendlichen, unabhängig von Geschlecht, ein eigenes Smartphone.

2.4 Helden

Die klassische Form des Helden charakterisiert eine Figur mit oft überragenden Fähigkeiten und Potenzialen (vgl. Winter et. al., 2007, S. 4f.). Bei diesen Fähigkeiten und Potenzialen kann es sich um Inselbegabungen, die nur in bestimmten Bereichen zum Einsatz kommen, oder gottesähnlichen Fähigkeiten handeln (ebd.). In der Regel erlaubt es den Helden, Probleme zu lösen, Gefahren zu beseitigen und Hindernisse angehen zu können, um die „normalen" Menschen zu beschützen. Der Held erhält jedoch nur die Anerkennung, wenn er seine Grenzen überschreitet (ebd.). Dies zeigt sich im erfolgreichen Kampf gegen bestimmte Widerstände in der Öffentlichkeit (ebd.). Der Begriff ist für den Kontext wichtig, da die Helden im medialen Raum als Vorbilder fungieren. Im weiteren Verlauf der Arbeit wird auf verschiedene Heldenformen eingegangen. Es findet ein Vergleich zwischen weiblichen und männlichen Heldenfiguren statt.

Zusammenfassend sind die aufgeführten und ausgeführten Begriffsbestimmungen wichtig für die vorliegende Arbeit, da die bearbeitete Thematik zum einen im medialen Raum und zum anderen an der Formung bzw. Bildung von der Geschlechteridentität anhand weiblicher und männlicher Heldenfiguren verortet ist.

3.Theorie von Judith Butler

Im Fokus des dritten Abschnittes der vorliegenden Arbeit geht es um die Theorie von Judith Butler.

Als literarische Grundlage wird das Werk „Das Unbehagen der Geschlechter", 1991, von Judith Butler verwendet, in dem sich die Autorin mit der Queer-Theorie, die Anfang der

1990er in den USA entwickelt wurde, auseinandersetzt. In dieser Theorie, auch bekannt als „Feministische Theorie", setzt sich Butler intensiv mit dem biologischen Geschlecht „Sex" und der Geschlechteridentität „Gender" auseinander (vgl. Butler, 1991, S.22). Die Autorin führt aus, dass die heutige und moderne Geschlechterordnung erst durch die verständliche und unverständliche Zuordnung von sozialen Geschlechteridentitäten reduziert wird (ebd.). Das biologische Geschlecht wäre weder eine vordiskursive noch natürliche Kategorie und verlöre damit auch seine ordnende Funktion als Bezugsgröße menschlicher Identität (ebd. S.159 ff.). Das bedeutet, dass sich beispielsweise Frauen, trotz der weiblichen Geschlechtsorgane, wie Männer fühlen können, da alle anderen Geschlechtsmerkmale die eines Mannes entsprechen. Der Prozess ist auch andersherum möglich. Weitergehend bedeutet es, dass sich eine Frau, die ihre Geschlechteridentität als Mann versteht, nicht zwangsweise medizinischer Eingriffe unterziehen muss, um sich tatsächlich als Mann zu fühlen.

4. Gender in den Medien

Der heutige Medienkonsum von Jungen und Mädchen trägt einen sehr entscheiden Teil zu einem gendergerechten Rollenverhalten bei. In den verschiedenen Medien, sei es Fernsehen, Netflix oder andere Streaming-Anbieter, ist auffällig, dass geschlechtertypischen Stereotypen verwendet werden. Die Rolle des Mannes wird als aktives, präsentes und selbstbewusstes Wesen in der Öffentlichkeit inszeniert. Den Männern werden Attribute wie Rationalität, Energie, Ehrgeiz, Unabhängigkeit, Erfolg, Leistungsorientierung und einem hohen sozialen Status zugeordnet ist (vgl. Lemish, 2006, S.10). Im Vergleich dazu werden Frauen als passive, emotionale, naive, instabile, zu beschützende und umsorgende Wesen, die dem Mann untergestellt sind, beschrieben (ebd.). Das äußere Erscheinungsbild ist ebenfalls eine wichtige Position, die zu erwähnen ist. Während der Mann im Schwerpunkt durch seine positiv attraktiven Eigenschaften in Erscheinung tritt und überzeugt, wird die Frau lediglich durch ihr attraktives, hübsches, optisches Erscheinungsbild aufgewertet. Ihre Charaktereigenschaften fallen somit einer deutlich geringeren Aufgabe zu. In den Medien wird die Frau auf das aktuelle optische Ideal reduziert, was in der Praxis nicht erreichbar ist (ebd.).

„Diese Fixierung auf die äußere Erscheinung steht in direktem Zusammenhang mit der überbetonten Fernsehdarstellung von Frauen als sexuelle Wesen, deren zentrale Funktion sich darauf beschränkt, Objekt männlicher Begierde und männlichen Strebens zu sein. Die vorherrschenden Medienbotschaften verbreiten also weiterhin restriktive Ideologien der Weiblichkeit, erheben heterosexuelle romantische Liebe zum großen Ziel für Mädchen, unterstützen männliche Dominanz in Beziehungen und unterstreichen die Wichtigkeit der Selbstverschönerung durch Konsum" (Lemish, 2006, S.10).

Das Arbeiten mit diesen Klischees findet schon bei Kinderserien statt und wird in den Filmen und Serien für Jugendliche und Erwachsene nur noch intensiver propagiert. Die meisten zentralen Heldenfiguren in Serien und Filmen werden primär von Männern gespielt. Die männlichen Helden werden als mutige, starke und charismatische Charaktere dargestellt, die sich allen Gefahren und Problemen stellen und sie letztendlich immer meistern. Selbst bei Zeichentrickserien für Kinder werden die Helden von männlichen Personen oder Tieren verkörpert. Kinder werden von klein an mit dieser Darstellung konfrontiert und das führt zu einer richtungsgelenkten Prägung hinsichtlich der Geschlechtereinteilung in der Gesellschaft und in den Medien. Dem weiblichen Geschlecht wird somit eine untergeordnete und weniger bedeutsame Rolle in Serien und Filmen zugemessen als Männern (ebd.). Des Weiteren wird den Frauen suggeriert, dass sie sich nicht gegen die männliche Dominanz durchsetzen bzw. behaupten können (ebd.). Daraus ist zu schließen, dass das weibliche Geschlecht, das Geschlecht der zweiten Klasse ist und dem männlichen Geschlecht untergeordnet ist.

Medien übermitteln in diesem Fall ebenfalls die normalen und anormalen gesellschaftlich tolerierten und angesehenen Werte und Normen. Die anerkannten Verhaltensweisen werden durch die Medien verstärkt, im Gegensatz zu den inakzeptablen Verhaltensweisen, die bestraft werden. Dieser Umgang sorgt für eine prägende Einflussnahme auf die jungen Zuschauer und auf deren Verständnis von vermeintlicher Geschlechtertypologien (vgl. Lemish, 2006, S. 11).

4.1 Die Bedeutung von Prinzessinnen und weiblichen Heldenfiguren

Im folgenden Abschnitt der Arbeit wird die Bedeutung der Darstellungen von Prinzessinnen und weiblichen Heldenfiguren verdeutlicht. Zunächst wird das Phänomen der Prinzessinnen im medialen Raum untersucht und anschließend die Darstellung von weiblichen Heldenfiguren am Beispiel der DC-Comic-Heldin Wonder Woman.

Grundsätzlich ist zu sagen, dass Jungen und Mädchen vielen Einflüssen durch Serien, Filmen und Werbungen ausgesetzt sind und das weitreichende Folgen bzw. Dimensionen hat. In den letzten Jahren zeigte sich, dass das traditionelle Rollenbild der Frau als Hausfrau bzw. Mutter und das Rollenbild des Mannes als Brötchenverdiener bzw. Ernährer in denn Hintergrund gerückt ist. Die Geschlechterklischees werden jedoch noch weiter bedient, wenn sie auch anders positioniert werden wie in der Vergangenheit (vgl. Götz, 2013, S. 18f.). Besonders auffällig ist, dass die Medien ihren Fokus bei dem Frauenbild stark auf die Schönheitsideale legen. Die gezeigten Schönheitsideale für Frauen in den Serien und Filmen, auch schon in den für Kindern, ist unerreichbar, wie in Kapitel 4 der Arbeit schon beschrieben. Das bedeutet, dass die Produzenten enorm Mut aufbringen müssen, beispielsweise auch Pickel zu zeigen und somit Mädchen nicht als perfekte Figuren zu inszenieren (ebd.).

Die Autorin Rebecca Hains schließt sich der Beobachtung von Götz an und beurteilt das Phänomen der Prinzessinnen für gefährlich. Es ist eine Tatsache, dass die jungen weiblichen Zuschauer diesen Mädchen- bzw. Prinzessinnenfiguren nacheifern, indem sie den Kleidungsstil, beispielsweise das Tragen von pinkfarbenen Kleidern, bevorzugen und tragen wollen. Die Mädchen orientieren sich an ihren medialen Vorbildern, um optisch ebenfalls in diese Märchenwelt eintauchen zu können, jedoch existiert eine nachhaltige Problematik. In diesen Darstellungen und Inszenierungen sind schädliche Botschaften enthalten. Die Zielgruppe dieser Filme und Serien sind Mädchen im Alter von fünf bis sechs Jahren. Der mediale Inhalt wird nicht auf das Alter der Mädchen angepasst. Außerdem ist an diesem Genre zu kritisieren, dass es verzerrte Schönheitsideale, Rollen der Geschlechter und kultureller Herkunft vermittelt (vgl. Hains, 2013, S.20). Die Darstellung und Einflussnahme auf die Mädchen lässt eine sogenannte „Prinzessinnen-Kultur" entstehen (ebd.). Wie im Kapitel 4 der Arbeit schon beschrieben, wird folgende Nachricht an die Mädchen transportiert: Die optische Ausstrahlung und Erscheinung sind die wichtigsten Merkmale über die ihr Geschlecht sich definiert. Dies steht im Widerspruch zu der Theorie von Butler, wie in Kapitel 2 erläutert.

Eine weitere Gefahr in der dargestellten „Prinzessinnen-Kultur" ist eine rassistische Wertevermittlung. Die Masse an gezeigten Prinzessinnen in den Filmen und Serien werden als hellhäutig, westeuropäisch und meistens blond dargestellt. Es gibt nur wenige Ausnahmen in denen die Darstellung der Prinzessin beispielsweise eine andere Hautfarbe hat (vgl. Hains, 2013, S.21). Daraus ist zu folgern, dass junge Mädchen aus der westeuropäischen Kultur sich eher mit der Rolle einer Prinzessin identifizieren können.

Das Merkmal der optischen Perfektion wird unbewusst von den Zuschauerinnen in ihre Denk- und Wahrnehmungsmuster übernommen. Es findet eine Abstufung in der Wertigkeit statt, das erhebliche Auswirkungen auf das Selbstbild der Mädchen hat, indem sie sich selbst als minderwertiger einstufen.

Selbst der Versuch Prinzessinnen mit Attributen, wie Stärke, Selbstbewusstsein und Mut auszustatten, konnte die eben beschriebene Problematik nicht ändern. Das gezeigte Schönheitsideal überwiegt und die anderen Attribute werden mit der Schönheit nur noch verknüpft. Die Prinzessinnen sind somit nicht nur schön, sondern auch selbstbewusst, stark, mutig und schön (ebd.). Es entsteht ein zunehmender aufbauender Sozialerdruck, den die jungen Mädchen sich selbst auferlegen und mit ihren Freundinnen ausleben.

Die Darstellung von weiblichen Superhelden spricht die Zielgruppe der acht bis elfjährigen Mädchen an (vgl. Hains, 2007, S.13). Es ist anzunehmen, dass durch die gestiegene Reife eine Veränderung bei den Mädchen festzustellen ist, jedoch ist das nicht der Fall. Die Mädchen setzen ihren eigenen Körper weiterhin ins Verhältnis zu den weiblichen dargestellten Heldenfiguren.

Die weiblichen Heldenfiguren verkörpern das Prinzip von „Girl-Power". Dahinter steht die Intention das normative Rollenmuster von Weiblichkeit aufzubrechen und die Mädchen in der präadoleszenten Phase positiv zu bestärken. Die Nachricht soll vermitteln, dass sie stark und zu allem fähig sein können, jedoch ergibt dieses Konzept die gleichen Probleme, die bereits durch das Phänomen der Prinzessinnen aufgezeigt wurden (ebd.). Das Girl-Power-Konzept soll ein Fortschritt sein, aber dieses Konzept ist eher als Rückschritt zu bewerten. Die weiblichen gesellschaftlichen Schönheitsideale werden durch das Auftreten, der Darstellung und der Kleidung stark betont. Die inneren Attribute der weiblichen

Heldenfiguren werden, wie bei den Prinzessinnen mit den äußeren Merkmalen verknüpft (ebd.). Die feministische Botschaft verliert somit die Wirkung.

Besonders zu betonen ist, dass der erhöhte und falsche Medienkonsum in diesem Alter ein Auslöser für physische und psychische Erkranken sein kann (ebd.). Die besten Beispiele an Verhaltensstörungen sind Magersucht (Anorexia nervosa) und Ess-Brech-Sucht (Bulimia nervosa). Die Anorexia athletica ist hinzugekommen, was das krankhafte Verlieren von Gewicht durch übermäßigen Sport beschreibt (ebd.). Medienkonsum ist nicht nur der bloße Zeitvertreib für Kinder und Jugendliche, sondern muss der Medienkonsum als eine elementare Lerninstanz betrachtet werden, da hier verschiedene Weltbilder vermittelt werden. Die Zuschauer verarbeiten diese Weltbilder und bilden ihre eigene Auffassung von der Welt. An dieser Stelle ist besonders hervorzuheben, dass das Hauptmerkmal auf die Optik der fiktiven Figur gerichtet ist. Die Fokussierung wirkt sich im erheblichen Maße auf Selbstbild und Selbstbewusstsein der Medienkonsumenten aus (vgl. Hains, 2007, S.14). Es findet oftmals eine negative Selbstwahrnehmung statt, die in das alltägliche Leben implementiert wird (ebd.). Aus diesem Grund wird sogar das Aussehen der Mitmenschen und anderen fremden fiktiven Film- oder Serienfiguren kritisch betrachtet. Ein sehr gutes Beispiel für eine weibliche Heldenfigur ist Wonder Woman.

Wonder Woman ist einer der ältesten Superhelden und die erste Superheldin des DC-Comics-Verlags. Sie wurde von William Moulton Marston und seiner Frau geschaffen und hatte ihren ersten Auftritt 1941. Sie ist eine einzigartige Superhelden-Figur, weil sie die Eigenschaften Stärke, Schnelligkeit, Schönheit, Empathie, Widerstandskraft, Widerstandskraft, Naivität und Intelligenz vereint. Hierbei fällt auf, dass Wonder Woman typisch männlich und weibliche Eigenschaften hat und somit keine klassische weibliche Rolle im medialen Raum einnimmt. Aufgrund dessen brachte sie Gleichberechtigung und ein positives, selbstbestimmtes Frauenbild in die männerdominierte Welt von DC Comics. Im Verlauf der Jahre wurde sie dadurch zu einem Symbol für die Frauen- und Lesbenbewegung und blieb dank ihrer knappen Outfits gleichzeitig noch ein Sexsymbol für die männlichen Comicfans und Zuschauer. Ihre Fähigkeiten übertreffen die Fähigkeiten anderer konkurrierender männlicher und weiblicher Superhelden. Die männliche Heldenfigur Superman verfügt über ähnlich gottgleiche Kräfte wie Wonder Woman. Die weibliche Heldenfigur fällt jedoch mehr auf, weil sie ein Unikat in der Comicwelt ist.

Insgesamt zählt Wonder Woman zu den absoluten Klassikern der Comicwelt und hat mittlerweile einen festen Platz in der Popkultur.

4.2 Die Bedeutung männlicher Heldenfiguren

Das folgende Kapitel legt den Fokus auf die mediale Inszenierung männlicher Vorbilder in Form von Heldenfiguren, die in den Medien vorzufinden sind.

Winter und Neubauer untersuchen die Bedeutung der männlichen Helden auf die Jungen. Hierbei ist festzustellen, dass sie zwei verschiedene Heldentypen klassifizieren, die über die einfache klassische Definition, gemäß Kapitel 2.4, hinausgeht. Der klassische Held wird betitelt als der „Oben-Drüber"-Heldentyp und kann in zwei Unterkategorie-Helden eingeteilt werde, die „Tun-Figuren" und die „Weltgesetz-Figuren" (vgl. Winter et. al., 2007, S.4ff.). Die „Tun-Figuren" zeichnen sich durch sofortiges, aktives und unerschütterliches Handeln aus, während die „Weltgesetz-Figuren" durch analytisches, strategisches und systematisches Vorgehen beschrieben werden (ebd.). Der Gegensatz zum ersten Haupttypus ist der „Unten-Durch"-Heldentyp, der wiederum auch in zwei Unterkategorien eingeteilt wird, der „Vorwärts"-Held und der „Rückwärts"-Held (ebd.). Der Haupttypus „Unten-Durch"-Held wird im einfachen Sinne durch den Anti-Helden beschrieben, der sich durch seine Aufgaben durchschwindelt, diese oftmals nie vollständig löst und trotzdem irgendwie das Ziel erreicht (ebd.). Der Held ist nicht abgeneigt unfaire und hinterhältige Mittel für die Zielerreichung einzusetzen. Das beste Beispiel dafür ist der Marvel-Held Deadpool. Er ist der verkörperte Anti-Held. Das Resultat seiner Einstellungen und Handlungsweisen sind oft ein chaotischer, unübersichtlicher Zustand, der die geregelte Ordnung durcheinanderbringt und somit das Gegenteil ist, im Vergleich zu anderen Helden (ebd.). Die beiden Unterkategorien dieses Helden ist davon abhängig, ob die jeweilige Handlungsstrategie als reif oder unreif durch den Medienkonsumenten eingeordnet wird. Durch diese individuelle Einordnung wird die Handlung als fortschrittlich oder rückschrittlich betitelt (ebd.).

Die Hauptaufgabe von jedem einzelnen Heldentypus orientiert sich an vielzähligen Lebensthemen, wie zum Beispiel Aggression, Freundschaft, soziale Bezüge, Krise, Versagen und Scheitern (vgl. Winter et. al.,2007, S.7). Daraus resultiert die Herausforderung beispielsweise Aggressionen und Gewaltausbrüche einerseits in Beziehung zu sich selbst zu setzen, anderseits zu realisieren und reflektieren, dass sie selbst gewissen Gewaltrisiken von außen ausgesetzt sind. Heldenfiguren helfen heranwachsenden Männern, im familiären Ablösungsprozess und der Interaktion mit ihrer Peer-Group, Probleme vielfältiger Art lösen zu können und Niederlagen zu verarbeiten. Des Weiteren stärken Heldenfiguren das Selbstbewusstsein und Selbstwertgefühl der Jungen, indem das Gefühl des „Nicht-aufgebens" entwickelt wird (ebd.). Hierbei stehen nicht die besonderen Fähigkeiten oder Talente im Fokus, sondern das Aufzeigen von Handlungsstrategien, die später übernommen und adaptiert werden können. Die Jungen entwickeln also folgende Frage im Kopf: „Was würde (beispielsweise) Superman an meiner Stelle nun machen?". Daraus resultiert, dass die Jungen seltener die Eltern, um Rat oder Hilfe fragen, da die Helden-Figuren einen hohen Stellwert einnehmen (ebd.). Die Heldenfiguren stehen in Konkurrenz zu den Eltern, wenn sie sogar nicht einen höheren Status zugeschrieben bekommen. Selbst eine pädagogische und erzieherische Botschaft wird durch die favorisierten Heldenfiguren vermittelt. Durch das Bekämpfen des Feindes oder Gegenspielers soll vermittelt werden, dass die Zuschauer die Eigenschaften oder das Verhalten des Gegenspielers als negativ und unmoralisch werten sollen und nicht übernehmen sollen. Es ist möglich die Moral und Gesetzestreue der Jungen dadurch zu festigen.

5. Anforderungen an gendergerechte Medien

Der direkte Vergleich von weiblichen und männlichen Rollenmodellen hinsichtlich der medialen Darstellung von Heldenfiguren hat gezeigt, dass zwischen den Geschlechtern und deren Geschlechteridentitäten erhebliche Unterschiede bestehen. Abschließend stellt sich die Frage, welche Anforderungen an die Medien gerichtet werden können und müssen, um diese Differenzen auszugleichen.

Die erste und wahrscheinlich einfachste Möglichkeit der Ungleichheit der Geschlechter in den Medien entgegenzuwirken, wäre die quantitative Angleichung der weiblichen Schauspieler an die Zahl der Männlichen (vgl. Lemish, 2006, S.13). Eine weitere Möglichkeit wäre ein Tausch von den gesellschaftlichen Rollenklischees. Das würde bedeuten, dass Frauen bzw. Mädchen Rollen übernehmen, die normalerweise nur männlichen Figuren vorbehalten sind und dass Männer bzw. Jungen alles tun, was mit dem weiblichen Geschlecht verbunden wird (ebd.). Das Ziel dieser Maßnahmen soll keine Umpolung von Mädchen zu Jungen oder Mann zu Frau sein. Vielmehr soll dadurch ein vielfältiges emanzipiertes Geschlechterbild in den Medien entwickelt werden. Männer und

Frauen sollen beide eine breite Bandbreite an Eigenschaften zugeschrieben werden, ohne dass ein Geschlecht benachteiligt wird. Es ist dringend notwendig, dass Mädchen weiterhin Mädchen bleiben, aber gleichzeitig als emotionale, starke, selbstbewusste, klugen und facettenreiche Wesen im medialen Raum und in der Realität wahrgenommen werden. Dadurch werden die Klischees geschwächt und das Schubladendenken abgebaut (ebd.).

Ferner sollte eine Anpassung im Bereich der Darstellung von Prinzessinnen stattfinden, indem die versteckten pädagogischen Aspekte altersgerecht und deutlich gezeigt werden. Kinder sind erst ab einem gewissen Alter in der Lage die gezeigten Intentionen interpretieren zu können. Bis dahin besteht die Gefahr von Fehlinterpretationen. Bis heute übernehmen die Eltern diese Aufgabe und lehren den Kindern die versteckten Kernaussagen. Das könnte dadurch vermieden werden (vgl. Hains, 2013, S.22). Eine weitere konstruktive Kritik an der Prinzessinnen-Darstellung ist das propangierte Schönheitsideal. Dieses Problem kann gelöst werden, durch die lebensnahen bzw. realistischen Figuren (ebd.). Ein generelles Problem ist die pädagogische Aussagekraft. Diese muss stärker herausgestellt werden, der Fokus auf das optische Erscheinungsbild hingegen ist zu vernachlässigen. Medien tragen die Verantwortung und können durch unsensible, nicht durchdachte Publikationen in den Köpfen von Kindern ein verzerrtes Realitätsbild produzieren und sogar Krankheiten hervorrufen, wie in Kapitel 4.1 beschrieben.

Zusammenfassend lässt sich sagen, dass eine lebensnahe und realistische Vielfalt von Rollenmodellen geschaffen werden muss mit der sich Mädchen und Jungen identifizieren können. Diese Rollenmodelle müssen frei von Klischees und Vorurteilen sein. Sie müssen die Möglichkeit bieten auf die Belange der Kinder eingehen zu können, freien Platz für Tagträumereien zu haben und sich den unterschiedlichen Entwicklungsphasen der Kinder anzupassen. Die Rollenmodelle können daher zum individuellen Aufbaue der eigenen Geschlechteridentität beitragen.

Es steht außer Zweifel, dass Butler selbst keine andere Kritik, wie in den vorherigen Kapiteln, äußern würde. Durch die Ausführungen gendergerechter Medien wird die Meinung und der Standpunkt von Butler sehr gut vertreten. Butler wünscht sich, dass keine Individuen auf das biologische Geschlecht, sowie den damit einhergehenden äußerlichen Merkmalen reduziert und beurteilt werden. Jeder Mensch hat den Anspruch und die Freiheit seine eigene Geschlechteridentität auszubilden, mit oder ohne medialen Einfluss.

6. Fazit

Zusammenfassend kann festgehalten werden, dass Medienerziehung stattfindet und beide Geschlechter auf unterschiedliche Weise in der Eigen- und Fremdwahrnehmung beeinflusst werden. In Filmen oder Serien werden Mädchen und Jungen Geschlechterrollen aufgezwungen. Es bleibt keinen Raum zur eigenen Entfaltung.

Ein Wandel hinsichtlich der Klischees im Laufe der Jahre ist zu beobachten, so sind sie dennoch nicht fortschrittlicher geworden. Die Frau als Hausfrau und Mutter steht heutzutage nicht mehr im Zentrum der gesellschaftlichen Normen, jedoch ist zu beobachten, dass Frau bzw. Mädchen einseitiger kategorisiert werden als Männer bzw. Jungen. Das gesellschaftliche Schönheitsideal ist weiterhin ein Stigma, welches mit der Weiblichkeit verbunden wird. Prinzessinnen faszinieren viele Mädchen, sind optisch allerdings so konzipiert, dass sie alle genau dieses Ideal vertreten. Die Figuren zeichnen sich durch einen schlanken Körper, lange Beine, wohlproportionierte Brüste, lange, glatte Haare, helle Haut und ein geschminktes Gesicht aus. Der Mangel an optischer Variationen sorgt dafür, dass sich die Kinder ein eindimensionales Verständnis von Schönheit einprägen. Jede Abweichung von diesem Schönheitsideal wird unmittelbar kritisiert und als anormal eingestuft. Nicht nur die Mitmenschen können Opfer des verzerrten Schönheitsideals sein, sondern auch die Kinder selbst. Dies äußert sich durch die Schwächung des Selbstbewusstseins und Selbstwertgefühles. Es findet nämlich ein permanenter Vergleich zwischen ihren Vorbildern und sich selbst statt. Ebenso verhält es sich mit dem Spielzeug „Barbie".

Das Konzept der „Power-Girls", welches durch die übertriebene Fokussierung auf die äußere Schönheit das pädagogische Ziel verfolgt, die innerer Werte und Normen hervorzuheben, erreicht oftmals genau das Gegenteil. Diese Botschaften werden von Kindern bis zu einem gewissen Alter als solche nicht verstanden. Filme oder Serien, die an das männliche Publikum gerichtet sind, erfüllen keinen geringeren Erziehungsauftrag. Der Unterschied ist nur, dass er sich auf vollkommen andere Attribute konzentriert. Männliche Heldenfiguren greifen alltägliche Themen auf, mit denen sich Jungen in dem entsprechenden Alter auseinandersetzen. Der Fokus ist auf Alltagsproblematiken und die Charakterbildung gerichtet und lässt den optischen Aspekt vollkommen unberührt. Geschlechterrollen und Geschlechteridentitäten werden für beide Geschlechter gleichermaßen konstruiert, indem eingeschränkte Variationen von Optionen angeboten werden, die über Weiblichkeit und

Männlichkeit entscheiden. Die Medien tragen an diesem Punkt eine große Verantwortung. Zum einen müssen sie Intentionen transparenter und kindgerechter vermitteln, sodass Missverständnisse von Anfang an vermieden werden. Andererseits ist es wünschenswert, die Palette an individuellen Variationen zu erweitern. Des Weiteren müssten die Darstellungen und Inhalte im medialen Raum sich näher an der Realität und den Bedürfnissen der Jugendlichen orientieren. Nur so ist eine freie Entfaltung der einzelnen Individuen gewährleistet, die zu einem starken Selbstbewusstsein führen, anstatt zu einem aufgezwungenen Weg. Ob und inwieweit sich innerhalb der Medienbranche im weiteren Verlauf der Entwicklung großflächig etwas ändern wird, bleibt abzuwarten. Um einer richtigen Geschlechteridentität zu entsprechen, empfiehlt es sich Medien kritisch zu betrachten. Den Kindern muss ausgebildet werden andere Wege zu finden, damit sie ihre eigene Geschlechteridentität eigenständig auszubilden und zu finden.

Literaturverzeichnis

Götz, Maya (2013): Geschlechtsstereotype Bilderwelten? Mach sie dünner, mach sie kurvenreicher. In: TelevIZIon. Ausgabe 26/2013/2. URL: http://www.br-online.de/jugend/izi/deutsch/publikation/televizion/televizion.htm. Download vom: 17.09.2018.

Hains, C. Rebecca (2006): Sind Supergirls für Mädchen super? Wie 8- bis 11-Jährige mit Schönheitsidealen in Girl-Power-Cartoons umgehen. In: TelevIZIon. Ausgabe 20/2007/2. URL: http://www.bronline.de/jugend/izi/deutsch/publikation/televizion/televizion.htm Download vom: 17.09.2018.

Hains, C. Rebecca (2013): „Ich bin eine Prinzessin". Die Prinzessinnen-Kultur in den USA. In: TelevIZIon. Ausgabe 26/2013/2. URL: http://www.br-online.de/jugend/izi/deutsch/publikation/televizion/televizion.htm Download vom: 17.09.2018.

Lemish. Dafna (2006): Was bedeutet »Gender«? Internationale Kinder-TV-ProduzentInnen über ihre Sicht auf Gender. In TelevIZIon. Ausgabe 19/2006/1. URL:http://www.br-online.de/jugend/izi/deutsch/publikation/television/19_2006_1/lemish.pdf Download vom: 15.08.18

Staatsvertrag für Rundfunk und Telemedien (2018). URL: https://www.die-medienanstalten.de/fileadmin/user_upload/Rechtsgrundlagen/Gesetze_Staatsvertraege/Rundfunkstaatsvertrag_RStV.pdf Download vom 18.09.18

Vom Orde, Heike et al. (2018): Grunddaten Jugend und Medien 2018. München. URL: http://www.br-online.de/jugend/izi/deutsch/Grundddaten_Jugend_Medien.pdf Download vom: 15.08.18

Winter, Reinhard/Neubauer, Gunter (2007): Große Helden für kleine Jungs. Zugänge zu den Helden der Jungen im Kinderfernsehen. In: TelevIZIon. Ausgabe 20/2007/2. URL: http://www.br-online.de/jugend/izi/deutsch/publikation/televizion/televizion.htm. Download vom: 17.09.2018.